TEMATY KRZYŻÓWEK

1. KLASA
2. CECHY PRZEDMIOTÓW (PRZYMIOTNIKI)
3. KIOSK
4. ZAKUPY
5. SKLEP WARZYWNY
6. JEDZENIE
7. RODZINA
8. HOBBY
9. ZAWODY
10. CECHY OSÓB (PRZYMIOTNIKI)
11. UBRANIA (CZ. 1)
12. UBRANIA (CZ. 2)
13. CZASOWNIKI (KONIUGACJA I)
14. CZASOWNIKI (KONIUGACJA II)
15. CZASOWNIKI (KONIUGACJA III)
16. MIESZKANIE
17. MIASTO
18. TRANSPORT
19. POGODA I KALENDARZ
20. CZĘŚCI CIAŁA
21. LEKARZ
22. ŚWIĘTA

LEGENDA

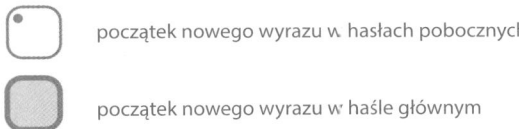

▫ początek nowego wyrazu w hasłach pobocznych

▪ początek nowego wyrazu w haśle głównym

CO TO JEST? (KLASA) 1

JAKI? JAKA? JAKIE? (CECHY PRZEDMIOTÓW)

CO TO JEST? (KIOSK) 3

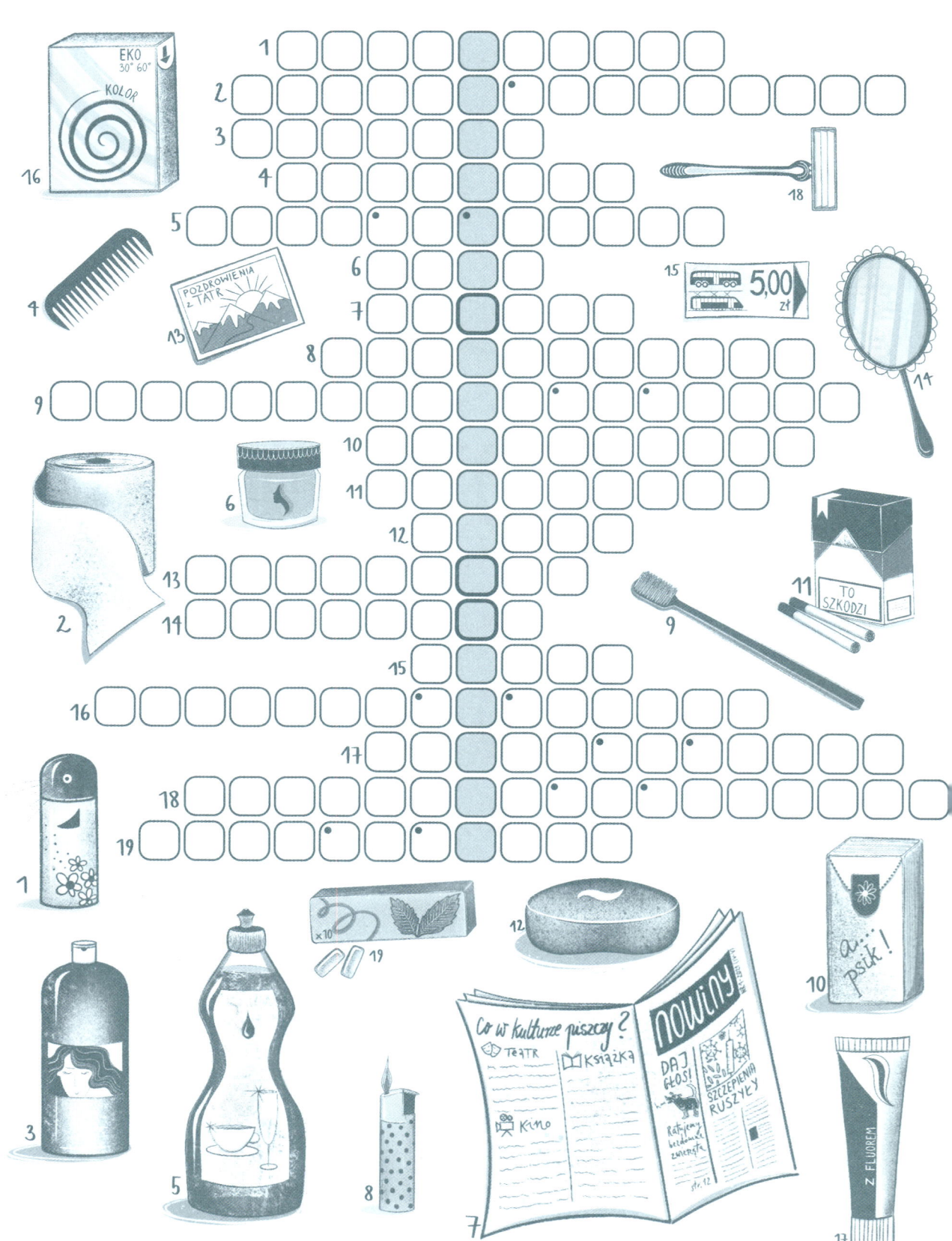

CO TO JEST? (ZAKUPY) 4

CO TO JEST? (SKLEP WARZYWNY) 5

CO TO JEST? (JEDZENIE)

KTO TO JEST? (RODZINA)

JAKIE TO HOBBY? (ZAINTERESOWANIA) 8

KTO TO JEST? (ZAWODY) 9

JAKI ON JEST? JAKA ONA JEST? (CECHY OSÓB)

CO TO JEST? (UBRANIA - CZ.1)

CO TO JEST? (UBRANIA - CZ.2)

CO MOŻNA ROBIĆ? (CZASOWNIKI - KONIUGACJA I)

13

CO MOŻNA ROBIĆ? (CZASOWNIKI - KONIUGACJA II)

14

CO MOŻNA ROBIĆ? (CZASOWNIKI - KONIUGACJA III)

CO TO JEST? (MIESZKANIE) 16

JAKIE TO MIEJSCE? (MIASTO)

1. ⬜⬜⬜⬜⬜⬜⬜⬜⬜⬜⬜
2. ⬜⬜⬜⬜⬜⬜⬜⬜
3. ⬜⬜⬜⬜⬜⬜⬜
4. ⬜⬜⬜⬜⬜⬜⬜⬜⬜⬜
5. ⬜⬜⬜⬜⬜⬜⬜⬜⬜⬜
6. ⬜⬜⬜⬜
7. ⬜⬜⬜⬜
8. ⬜⬜⬜⬜⬜⬜⬜⬜⬜⬜
9. ⬜⬜⬜⬜⬜
10. ⬜⬜⬜⬜⬜⬜
11. ⬜⬜⬜⬜
12. ⬜⬜⬜⬜⬜⬜⬜
13. ⬜⬜⬜⬜⬜⬜⬜
14. ⬜⬜⬜⬜
15. ⬜⬜⬜⬜⬜

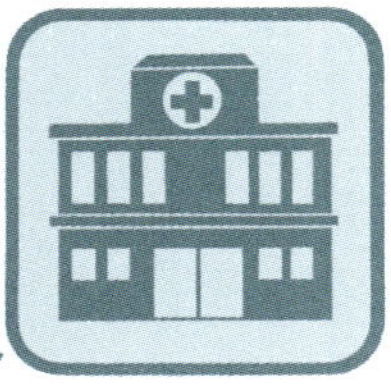

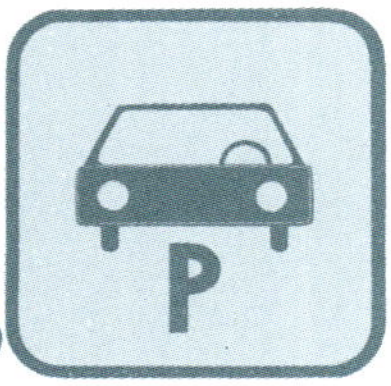

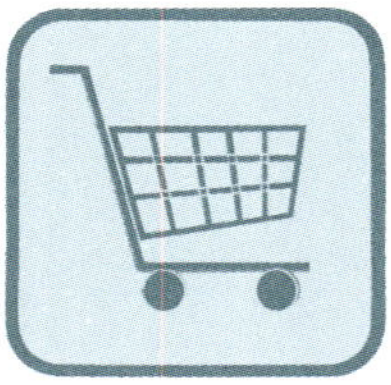

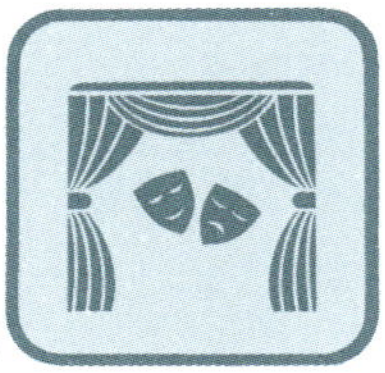

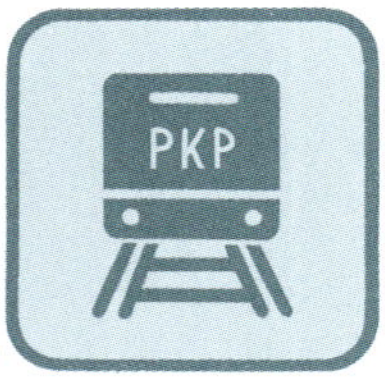

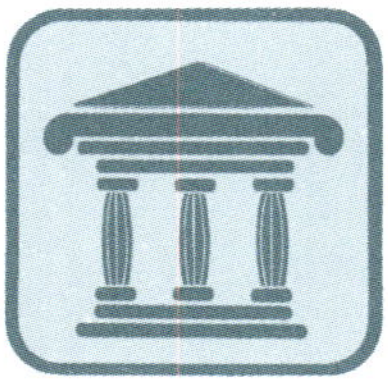

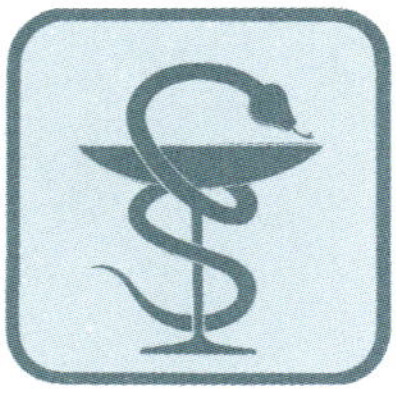

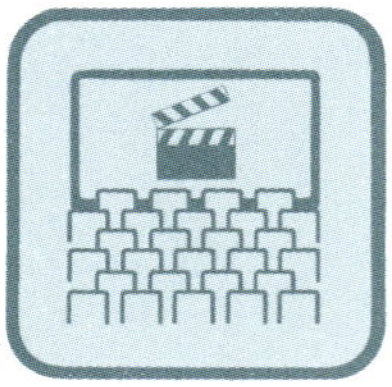

CO TO JEST? (TRANSPORT)

CO TO JEST? (POGODA I KALENDARZ) 19

CO TO JEST? (CZĘŚCI CIAŁA) 20

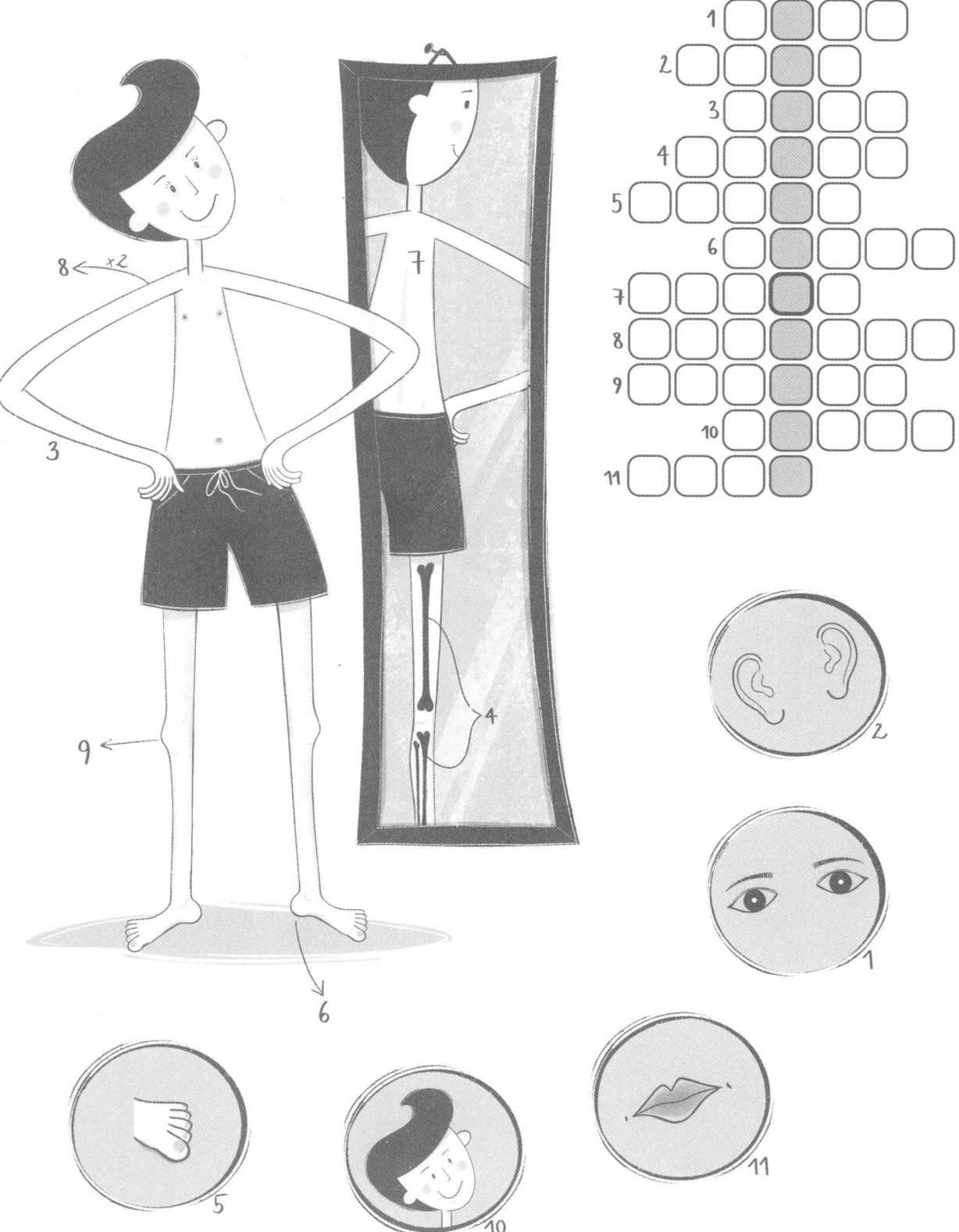

CO TO JEST? KTO TO JEST? (LEKARZ)

CO TO JEST? KTO TO JEST? (ŚWIĘTA) 22

KLUCZ

1. KLASA (HASŁO: PRZEMIOTY W SALI)
1. długopis; 2. biurko; 3. teczka; 4. plecak; 5. kreda; 6. komputer; 7. książka; 8. torba; 9. notes; 10. zeszyt; 11. słownik; 12. krzesło; 13. mapa; 14. telefon; 15. tablica

2. CECHY PRZEDMIOTÓW (PRZYMIOTNIKI) (HASŁO: OPIS PRZEDMIOTU)
1. drogie; 2. prosty; 3. tanie; 4. czysta; 5. ciepły/ciepła; 6. krótki; 7. krzywy; 8. cienka; 9. brudna; 10. mały; 11. zimny/zimna; 12. nowy; 13. stary; 14. długi

3. KIOSK (HASŁO: DROBNE ZAKUPY W KIOSKU)
1. dezodorant; 2. papier toaletowy; 3. szampon; 4. grzebień; 5. płyn do naczyń; 6. krem; 7. gazeta; 8. zapalniczka; 9. szczoteczka do zębów; 10. chusteczki; 11. papierosy; 12. mydło; 13. widokówka/pocztówka; 14. lusterko; 15. bilet; 16. proszek do prania; 17. pasta do zębów; 18. maszynka do golenia; 19. gumy do żucia

4. ZAKUPY (HASŁO: SKLEP SPOŻYWCZY)
1. masło; 2. jajka; 3. mleko; 4. ser; 5. papryka/papryki; 6. mięso; 7. keczup; 8. makaron; 9. dżem; 10. ryż; 11. piwo; 12. chleb; 13. szynka; 14. ryba

5. SKLEP WARZYWNY (HASŁO: OWOCE I WARZYWA)
1. kalafior; 2. śliwka; 3. pomidor; 4. pomarańcza; 5. ziemniak; 6. malina; 7. truskawka; 8. sałata; 9. ogórek; 10. gruszka; 11. cytryna; 12. marchewka; 13. ananas

6. JEDZENIE (HASŁO: POLSKA KUCHNIA)
1. pierogi; 2. tort; 3. talerz; 4. ciastka; 5. łyżka; 6. kawa; 7. kubek; 8. zupa; 9. kurczak; 10. herbata; 11. nóż; 12. widelec; 13. kanapka

7. RODZINA (HASŁO: MOJA RODZINA)
1. matka; 2. ciocia/ciotka; 3. wujek; 4. babcia; 5. brat; 6. siostra; 7. rodzice; 8. dziadek; 9. ojciec; 10. syn; 11. córka

8. HOBBY (HASŁO: ZAINTERESOWANIA)
1. koszykówka; 2. teatr; 3. taniec; 4. kino; 5. siatkówka; 6. chemia; 7. literatura; 8. hokej; 9. tenis; 10. gotowanie; 11. narciarstwo; 12. muzyka; 13. piłka nożna; 14. fotografia; 15. malarstwo

9. ZAWODY (HASŁO: WYKSZTAŁCENIE)
1. kierowca; 2. fryzjer; 3. lekarka; 4. kasjer; 5. nauczyciel; 6. fotograf; 7. informatyk; 8. wykładowca; 9. kucharz; 10. dziennikarka; 11. dentystka; 12. policjant; 13. kelner

10. CECHY OSÓB (PRZYMIOTNIKI) (HASŁO: CHARAKTERYSTYKA)
1. szczupły; 2. chory; 3. stary; 4. gruby; 5. wysportowana; 6. niski; 7. smutny; 8. biedna; 9. mądry; 10. wysoki; 11. wesoły; 12. przystojny; 13. łysy; 14. spokojna; 15. bogata

11. UBRANIA (CZ. 1) (HASŁO: ODZIEŻ DAMSKA)
1. futro; 2. dres; 3. bluzka; 4. szpilki; 5. sweter; 6. żakiet; 7. spódnica; 8. rajstopy; 9. majtki; 10. biustonosz; 11. sukienka; 12. kapelusz

12. UBRANIA (CZ. 2) (HASŁO: UBRANIA MĘSKIE)
1. garnitur; 2. buty; 3. krawat; 4. płaszcz; 5. spodenki; 6. dżinsy; 7. czapka; 8. marynarka; 9. rękawiczki; 10. bokserki; 11. koszula; 12. spodnie; 13. skarpetki

13. CZASOWNIKI (KONIUGACJA I) (HASŁO: STUDIOWAĆ)
1. pisać; 2. fotografować; 3. kupować; 4. podróżować; 5. pić; 6. malować; 7. gotować; 8. jechać, 9. iść

14. CZASOWNIKI (KONIUGACJA II) (HASŁO: UCZYĆ SIĘ)
1. lubić; 2. liczyć; 3. siedzieć; 4. myśleć; 5. leżeć; 6. spać; 7. mówić; 8. skręcić

15. CZASOWNIKI (KONIUGACJA III) (HASŁO: ODPOCZYWAĆ)
1. otwierać; 2. oglądać; 3. sprzątać; 4. kochać; 5. wyrzucać; 6. czytać; 7. pływać; 8. śpiewać; 9. biegać; 10. grać

16. MIESZKANIE (HASŁO: DOM I MIESZKANIE)
1. lodówka; 2. fotel; 3. lampa; 4. telewizor; 5. komoda; 6. biurko; 7. zegar; 8. krzesło; 9. szafa; 10. półka; 11. obraz; 12. kanapa; 13. kwiatek; 14. regał

17. MIASTO (HASŁO: MIEJSCA W MIEŚCIE)
1. supermarket; 2. szpital; 3. apteka; 4. restauracja; 5. uniwersytet; 6. poczta; 7. bank; 8. kawiarnia; 9. muzeum; 10. parking; 11. teatr; 12. kościół; 13. dworzec; 14. kino; 15. hotel

18. TRANSPORT (HASŁO: ŚRODKI TRANSPORTU)
1. śmigłowiec; 2. ciężarówka; 3. motocykl; 4. łódka; 5. skuter; 6. pociąg; 7. autobus; 8. tramwaj; 9. taksówka; 10. balon; 11. samolot; 12. prom; 13. samochód; 14. rower; 15. statek; 16. hulajnoga

19. POGODA I KALENDARZ (HASŁO: PROGNOZA POGODY)
1. temperatura; 2. burza; 3. wiosna; 4. śnieg; 5. kalendarz; 6. słońce; 7. tęcza; 8. wiatr; 9. lipiec; 10. niebo; 11. grudzień; 12. lato; 13. deszcz; 14. chmury

20. CZĘŚCI CIAŁA (HASŁO: CZĘŚCI CIAŁA)
1. oczy; 2. uszy; 3. ręka; 4. kości; 5. palce; 6. pięta; 7. plecy; 8. ramiona; 9. kolano; 10. głowa; 11. usta

21. LEKARZ (HASŁO: DBAM O ZDROWIE)
1. dentystka; 2. tabletki; 3. katar; 4. termometr; 5. syrop; 6. kaszel; 7. ból gardła; 8. lekarstwa; 9. gorączka; 10. ból głowy; 11. okulistka; 12. recepta

22. ŚWIĘTA (HASŁO: WESOŁYCH ŚWIĄT)
1. bałwan; 2. prezent; 3. pisanka; 4. bombka; 5. mikołaj; 6. koszyk; 7. łańcuch; 8. choinka; 9. świeca; 10. gwiazda; 11. anioł; 12. zajączek; 13. opłatek